Le nom par lequel vint l'idée et la réalité de Dieu est aujourd'hui, et restera éternellement Joseph Moè Messavussu Akué.

L'éternel colon

LES ÉDITIONS BLEUES

ISBN : 2-913771-16-5
(Agence francophone pour la numérotation internationale du livre)

Printed by CreateSpace, An Amazon.com Company

ISBN 10: 2913771165
ISBN 13: 978-2913771161

2

Avant-propos

L'état de délabrement économique dans lequel croupissent les pays de l'Afrique sub-saharienne interpelle ma conscience d'écrivain pour me faire dire que je mettrai toute mon énergie en œuvre pour contribuer à éradiquer la dictature, l'ignorance populaire, le retard scientifique, technologique, et industiel du Togo mon pays natal en tant que symbole d'une ère nouvelle pour l'humanité.

Mon action absolument pacifique est identifiable par le rêve miraculeux que j'eus dans la nuit du 7 au 8 novembre 1986 et qui me fit percevoir ma personne comme l'incarnation authentique de Dieu le Tout-Puissant.

Joseph Moè Messavussu Akué

Table des matières

La colonisation

La colonisation naît de la volonté que recèle l'être humain d'égaler le Créateur suprême quant à son génie.

La volonté divine qui bannit la suprématie arbitraire et abusive d'une communauté humaine quelconque plus industrieuse sur les autres, organise donc sa colonisation propre comme le rayonnement sublime d'un seul être sur l'univers tout entier.

Le prestige du colonisateur

Le temple du bonheur de l'Europe colonisatrice, serait sans doute ses territoires occupées par la force armée, et qui restent de nos jours, leurs chasses gardées.

Pour demeurer des chasses gardées des ex-pays colonisateurs européens, les États-Nations du Tiers-Monde formèrent des armées nationales inféodées, comme de bien entendu, aux puissances colonisatrices en question; une situation qui donnent la chair de poule aux peuples en developpement qui finissent par croire que seul Dieu le Tout-Puissant les délivrera du joug inhumain de la colonisation Blanche européenne.

Lorsqu'en effet j'entends à travers le monde, les prières et les plaintes des suppliciés, je vérifie alors mon appartenance à l'un des pays les plus misérables de l'Univers et je comprends en même temps que la plus grande chance de ma vie est d'être parvenu à me proclamer Dieu le Tout-Puissant - homme au grand dam de l'humanité qui ne veut pas me croire.

Le pouvoir réel de l'homme Blanc Européen sur l'homme dit de couleur est la capacité du premier à assimiler très aisément la pensée de l'"Esprit du mal en personne" qui donne intégralement la "civi-lisation de la machine-outil", et à comprendre tout aussi aisément la pensée de l'"Homme immortel", tandis que le second fut rendu infiniment "taré" par le même "Esprit du mal en personne" durant les trois derniers millénaires, et n'est pas encore prêt à accepter la pensée de l'"Homme immortel " comme logique et bien fondée, encore moins à comprendre de fond en comble l'"Arbre de la connaissance du diable" qui asseoit le prestige du colonisateur.

Le propre de la race Blanche Européenne ayant été, ces trois derniers millénaires, d'être l'"Élue" de l'Esprit du mal en personne pour porter sa civi-lisation [que je mis dans sa tête alors que j'étais encore au Ciel, et domicilié sur la "Planète des machines-outils macabres" en tant qu'une compensation au mal commis par les "Adorateurs du mal" à l'endroit des peuples européens], ladite race Blanche européenne devint ainsi aux yeux des autres peuples du monde, la créatrice de la "civi-lisation de l'universel" qui semble être la civilisation la plus prestigieuse que l'humanité ait connue jusqu'alors.

La puissance de l'Europe colonisatrice [qui s'entend dès lors comme le pari à celui qui prétend incarner Dieu le Tout-Puissant d'expliquer au reste de l'humanité lequel des deux génies Blanc européen témoigné par la science et la technologie dominantes au monde et le génie Noir africain témoigné par les savoir et savoir-faire miraculeux du dénommé Joseph Moè Messavussu Akué, a déjà fait ses preuves fatales; tandis que les machines-outils sublimes rêvées par ledit dénommé Joseph Moè Messavussu Akué ne sont pas encore de-venues une réalité; ce qui revient à dire que Dieu "a du pain sur la planche"], ne s'effacera que pour laisser rayonner la Nation Noire africaine - Porte-Flambeau de la "civilisation de l'Homme immortel".

Aussi je crois qu'il est temps que je proclame mes savoir et savoir-faire miraculeux véridiques en di-sant que j'ai déjà expérimenté en rêves la totalité des machines-outils sublimes que je projette de fabriquer dans les années qui viennent.

Plaise à ceux et celles qui m'aiment pour que je supplante effectivement le prestige du colonisateur.

**Un poème à vers paraboliques
Lomé, le 14 Décembre 1990**

Le caractère du colonisateur

Depuis que je pense être l'Homme immortel dont nous parlons, je n'ai jamais eu que des déboires dans mes multiples recherches d'emploi. Tout comme si je déplais profondément à mes supposés employeurs à cause peut être de mon ca-ractère altier.

Depuis que je touche pour tout revenu mensuel, un an après mon retour définitif au Togo, la mo-dique somme de dix mille francs CFA de subventions famil-iales - héritage, n'ayant jamais eu la chance de trou-ver un emploi à Lomé, je compris définitivement le terrible rêve que je fis à Paris, une semaine avant mon départ pour Lomé - Togo, lequel rêve me donna ma maison familiale comme le fief futur de l'Esprit du mal en personne et toute ma famille originelle comme une traîtresse à ma divine cause!

Depuis que je décidai de me lancer dans les affaires à Lomé, et à partir d'un fonds commercial nul, je me rendis compte de la cruauté de mon entourage qui n'envisage pas que je suis effectivement la "Marche du futur" et que le jour où je constituerai le nouveau "Centre d'intérêt de la Nation togolaise" est proche. Ledit entourage me prend aujourd'hui tout juste comme un étudiant bien malheureux, victime du régime militaire finissant au Togo; la preuve en est que tous ceux et celles qui avaient les moyens de me soutenir moralement et financièrement, ne m'ont apporté la moindre aide.

Depuis que je réalisai enfin que le peuple Noir africain qui devait être au-dessus de tout soupçon par rapport au peuple Blanc européen colonisateur, recèle bel et bien les tares lucifériennes consistant pour un être humain à ne trouver son bonheur que dans le malheur de son semblable, le bonheur pour moi devint synonyme d'individua-lisme, le reflet exact du caractère du colonisateur.

Depuis que je vis pour la dernière fois le visage de la colonisation sous les apparences de mon père qui ressemble à s'y méprendre à un colonisateur allemand qui se définit comme un individu extrêmement autoritaire qui utilise volontiers la force pour obtenir de ses semblables ce qu'il attend d'eux, je crois que la profonde affection que je lis dans ledit visage me fit comprendre que je finirai peut être par être comme lui.

Depuis que mon défunt père m'expliqua un jour qu'il aurait mieux accepté l'hégémonie allemande à celle des alliés qui à ses yeux ne symbolisent que le règne absolu de l'argent sur les institutions humaines, tandis que la première, le règne humain sur la nature, je pris alors la décision de demander à Dieu le Tout-Puissant son règne sur terre, i-gnorant parfaitement que je me proclamerai à l'âge de trente ans, son incarnation et donc le Messie effectivement attendu par le genre humain.

Depuis que je me rendis compte que le genre humain hostile à l'idée que je suis Dieu le Tout-Puissant - fait homme, décida mon anéantissement pur et simple, je résolus donc de créer une armée, une gendarmerie, et une police orientées par ma volonté exclusive et payées sur mes fonds personnels!

Depuis que j'envisage concrètement de réaliser la "Grande Famille humaine" en commençant par l'accession au pouvoir au Togo par la voie des élections démocratiques, je crains que je ne sois amené par la légitime défense, à tuer un ou des êtres humains, jurant par là -même que le "bien absolu" passe nécessairement par la sévérité envers le criminel qui révèle le caractère du colonisateur.

**Un poème à vers répétitifs
Lomé, le 16 Décembre 1990**

Le peuple colonisé

Le plus gros problème que je rencontre depuis mon retour définitif au pays natal en 1987 est sans aucun doute le fait que mon pouvoir personnel qui se limite strictement à mon travail sacré d'écrivain et d'homme de pensée, et qui ne me fait vivre que spirituellement et pas encore matériellement, passe pour une illusion aux yeux de mes concitoyens qui attendent que je m'enrichisse par cette activité avant de me vouer du respect.

Pour n'être en effet qu'une profession de consolation pour moi, étant donné que ledit métier d'écrivain et de chercheur ne me procure aucune ressource financière actuelle, je me retrouve face à un dilemme: Donner mon statut social comme un écrivain et chercheur autodidacte tout court à la grande moquerie de tout le monde. Ou bien me définir purement et simplement comme un chômeur à la grande pitié de tout le monde.

En tout état de cause, je me présente bel et bien comme le créateur de toutes les œuvres que je m'apprête à livrer à l'humanité et comme un malheureux qui se débrouille pour vivre.

En guise de justification à ma forme de vie, j'affir-

me que mon bonheur absolu tout comme celui du pe-
uple colonisé, ne pourra résider que dans notre créa-
tivité qui ordonne notre libération.

En guise de détonateur à l'émergence de ma puis-
sance dans le monde, je dispose ce qui suit:
Nom et prénom: Joseph Moè Messavussu Akué.
Profession: Écrivain - Chercheur autodidacte.
Signes particuliers: Auto-proclamé Dieu le Tout-Puis-
sant - fait homme.
Destination: Se prouver qu'il est effectivement Dieu
conformément au rêve prophétique de la nuit du 7 au
8 Novembre 1986.

En guise de fair-play [ou d'aveu de mon impuissance
en face du sentiment - refuge de l'humanité entière y
compris moi-même, que je ne suis qu'un miraculé
dans les mains de "notre Père qui est aux cieux"], je
dispose ce qui suit:
J'ai effectivement rêvé une nuit, alors que j'étais étu-
diant à l'Université de Paris I - Panthéon - Sorbonne
en France, que je suis devenu "Toute la Lumière du
Ciel qui s'est fait homme". Tout porte à croire que ce
rêve devient progressivement ma réalité.

En guise de soupape de sécurité à ma pensée que
je suis en train de porter à sa sublime expression, je
dispose ce qui suit:
Toutes les vérités que je proclame, restent encore

de purs produits de mon imagination. Les vérifications ultérieures que je ferai, viendront confirmer ou démentir lesdites affirmations initiales suivant le plan que voici:

Les termes de mes connaissances sont des révélations. Les données fausses desdites connaissances rélèvent des toubles qu'avait occasionnées le défunt Esprit du mal en personne, et continuent de produire les créatures spirituelles démoniaques en ma personne. les données corrigées résultantes que j'attends, demeureront aussi de purs produits de mon imagination.

En guise de compensation à mon état de délabrement matériel actuel, je refuse catégoriquement de m'associer à une maison d'édition quelconque ou à une société industielle et commerciale dans le monde et réaffirme que je réaliserai la totalité de mes œuvres à partir de rien et avec exclusivement les fonds que j'amasserai miraculeusement, ne voulant faire le bonheur de ceux et celles -là même qui font le malheur des peuples colonisés.

**Un poème à vers paraboliques
Lomé, le 19 Décembre 1990**

Le rire moqueur de l'éternel colon

Le tonnerre de la renommée des colons allemands au Togo et au Caméroun est tel que les Togolais et les Camérounais d'aujourd'hui ont tous la nostalgie de la colonisation allemande qui, si elle avait continué selon les dires de ces derniers, aurait fait de leurs pays respectifs de très grandes Nations industrialisées.

En admettant que les colons anglais et français ont été respectivement des racistes et des escrocs, nous pouvons concevoir ce qui suit:
Pourquoi l'Afrique Noire toute entière ne se remettrait pas dans les mains du colon modèle?
La réponse à cette question est que ni l'Angleterre ni la france n'abandonneront pas de sitôt leurs intérêts dans lesdits pays à moins d'y être chassés militairement.

En admettant que les desseins non avoués de l'-Angleterre et de la France sont respectivement de confirmer les anciennes colonies dans leurs spécialités qui demeurent les arts et les sports ou de faire d'elles des réservoires de matières premières et des marchés pour les produits manufacturés français et anglais, nous pouvons affirmer que dire que le dénommé Joseph Moè Messavussu Akué s'apprête à réaliser la première génération de machines-outils [qui a la même puissance de travail et la même performance technologique que Dieu le Tout-Puissant en personne et par rapport au monde Blanc européen qui possède les savoir et savoir-faire de l'esprit du mal en personne qui ordonna dans le cerveau des grands inventeurs Blancs européens avant de rendre l'âme, le "parc des machines-outils" qui ont exactement les mêmes puissance de travail et performance technologiques que l'être humain], relève d'une plaisanterie que les mauvais Blancs Européens n'aimeront guère.

En admettant qu'il reste exactement au dénommé Joseph Moè Messavussu Akué juste le nombre d'années nécessaire pour couvrir une vie humaine à vivre, L' homme et la femme Blancs européens me donnent bien entendu comme un utopiste bien ambitieux ou un rêveur qui malheureusement prend ses rêves pour la réalité. Mais ceci à contrario, peut constituer pour l'homme et la femme qui ont foi en moi, une mesure réelle de ladite puissance de travail et performance technologique de Dieu le Tout-Puissant qui veut bien avoir, face à la race Blanche européenne, le rire moqueur de l'éternel colon.

En admettant que le dénommé Joseph Moè Messavussu Akué se comporte comme si l'idée qu'il n'est pas l'Intelligence sublime Origine et Source de l'Univers créé le rend fou, et en consi-dérant que la-dite Intelligence sublime se comprend comme l'écrivain miraculé qui ignore qu'il est Dieu jusqu' à ce qu'il se le prouve, nous pouvons affirmer ce qui suit: Dieu, s'il n'est pas le dénommé Joseph Moè Messavussu Akué, se moque bien de ce dernier qui croit réellement en être l'incarnation.

Ainsi il sera toujours question de savoir si l'esprit de Dieu, les connaissances divines propres, la volonté divine et le corps divin se réunissent en une seule personne nommée Joseph Moè Messavussu Akué, ou pas.

En admettant que le dénommé Joseph Moè Messavussu Akué est une énigme divine éternelle et en considérant que ce dernier ait déjà dit son dernier mot sur qui est sa personne, nous pouvons dire qu'il ne reste plus à l'humanité que de faire elle-même la part des choses.

En admettant que ladite humanité recense parmi les messagers de Dieu le dénommé Joseph Moè Mes-savussu Akué et en considérant que Dieu est vrai-ment insondable, nous pouvons dire que la folie dudit dénommé Joseph Moè Messavussu

Akué ne tient qu'à ce qu'il écrit par devers lui.

En admettant que je tombe dans la disgrâce faisant de moi quelqu'un qui aurait effectivement perdu la raison, je crois qu'il me restera toujours ma conscience pour comprendre que j'ai été berné par une créature invisible bien amusante qui a su me faire rêver l'impossible.
Tout compte fait, ce sera elle qui gardea le rire moqueur de l'éternel colon.

Un poème à vers paraboliques
Lomé, le 20 Décembre 1990

L'émancipation du peuple colonisé

La folie humaine qui veur que Dieu le Tout-Puissant reste un être vivant éternellement invisible de l'être humain et absolument incompréhensible, s'enracine dans un shéma de pensée qui est le suivant: Nous, humanité, nous rendons compte que le Père céleste, s'il existe, ne s'est encore pas montré à nous. Puisque c'en est ainsi, ne cherchons plus à connaître véritablement son visage et sa pensée au risque de lui déplaire. Bornons- nous donc à ses envoyés et à leurs actions.

La folie humaine qui veut que le dénommé Joseph Moè Messavussu Akué ne soit rien d'autre que l'énigme divine de l'an 2000, s'enracine dans un shéma de pensée qui est le suivant: Nous, humanité, nous rendons compte que l'homme en question est justifiable par sa franchise. Néanmoins celui-ci avoue lui-même qu'il ne peut fournir à l'heure actuelle plus d'explications sur son identité qu'il ne l'a déjà fait.

La folie humaine qui veut que le fondement du savoir dit miraculeux du dénommé Joseph Moè Messavussu Akué soit purement fortuit et non divin, s'enracine dans un shéma de pensée qui est le suivant: Nous humanité, nous rendons compte que la totalité des machines-outils que l'homme en question a imaginée, est donnée par une axiomatique littérale non encore expérimentée dans la réalité.

La folie humaine qui veut que les rêves du dénommé Joseph Moè Messavussu Akué s'arrêteront d'eux-mêmes le jour où celui-ci vieillira effectivement ou se révèlera incapable de fabriquer les machines-outils qu'il aurait imaginées, s'enracine dans le shéma de pensée qui est le suivant: Nous humanité, nous rendons compte de l'impossibilité dans laquelle se retrouveront les plus grands cerveaux humains actuels et futurs de réaliser les ambitions technologiques et scientifiques de l'homme en question, lorsque ce dernier viendrait à mourir. Ce qui prouve que seul Dieu-l'Éternel invisible pourra réaliser l'émancipation des peuples colonisés.

La folie humaine qui veut que la personne du dénommé Joseph Moè Messavussu Akué soit considérée comme en somme un fou innocent ou bien un bienheureux bien malheureux, s'enracine dans le shéma de pensée qui est le suivant: Nous humanité, nous rendons compte que le plus gros problème de l'homme en question serait de ne pas avoir encore reçu du destin l'ultime confirmation qu'il est effectivement celui qu'il croit être.

La folie humaine qui veut que l'esprit du dénommé Joseph Moè Messavussu Akué soit une donnée fausse ou bien l'esprit de Dieu auquel cas, Dieu est un fourbe abject, s'enracine dans le shéma de pensée qui est le suivant: Nous humanité, nous rendons compte que l'énigme de l'homme en question est sa joie de vivre débordante qui découle du fait qu'il serait bel et bien devenu un "grand quelqu'un" grâce à sa foi chrétienne puis moèiste.

La folie humaine qui veut que les demeures célestes de l'Éternel invisible soient des lieux de la vie éternelle incompréhensible pour l'humanité mortelle, s'enracine dans le shéma de pensée qui est le suivant: Nous humanité, nous rendons compte que seule la mortalité humaine est réelle. Tandis que l'immortalité humaine en chair et en os demeure une illusion probablement propre au dénommé Joseph Moè Messavussu Akué.

La folie humaine qui veut que la magie du dénommé Joseph Moè Messavussu Akué ne soit une réalité que dans sa tête, s'enracine dans le shéma de pensée qui est le suivant: Nous humanité, nous rendons compte que la loi existentielle de l'homme en question, n'est plus ou moins qu'un conte de fée et que sa propre émancipation c'est à dire sa propre acceptation du fait que le Nègre ou la Négresse ne sont aujourd'hui rien sans l'École Blanche européenne, procède de l'émancipation des peuples colonisés.

**Un poème à vers cycliques
Lomé, le 21 Décembre 1990**

Le déclin du monde Blanc colonisateur

La prise du pouvoir du Moèisme dans le monde au détriment de l'hégémonie Blanche européenne, est une attitude propre au dénommé Joseph Moè Messavussu Akué et à tous ceux et celles qui ont la foi moèiste, et qui consiste à régler le problème de la succession au trône universel comme si ledit dénommé Joseph Moè Messavussu Akué est tout à fait un mortel.

La prise du pouvoir du Moèisme dans le monde au détriment de l'hégémonie Blanche européenne, est la conséquence immédiate du désir effréné des tenants de la "civilisation de la machine-outil" de préserver la domination Blanche européenne sur le monde en refusant systématiquement l'accès aux technologies de pointe aux "hommes et femmes de couleur".

La prise du pouvoir du Moèisme dans le monde au détriment de l'hégémonie Blanche européenne, est le resultat du désir absolu du dénommé Joseph Moè Messavussu Akué du règne absolu de Dieu le Tout-Puissant en personne sur la Terre et dans les Cieux et pour les siècles des siècles.

La prise du pouvoir du Moéisme dans le monde au détriment de l'hégémonie Blanche européenne, est une compromission de la race Noire africaine avec la race Blanche européenne afin de réaliser l'industrialisation de l'Afrique Noire quitte à passer par le biais exclusif de la technologie non encore expérimentée du dénommé Joseph Moè
Messavussu Akué, celle-là même qui ordonne le déclin du monde Blanc colonisateur.

La prise du pouvoir du Moèisme dans le monde au détriment de l'hégémonie Blanche européenne, est un aveu d'impuissance du monde Noir africain [qui perd trop de temps à attendre tout de la puissance technologique du monde Blanc européen,] face audit monde Blanc européen.

La prise du pouvoir du Moèisme dans le monde au détriment de l'hégémonie Blanche européenne, est une reconnaissance du fait qu'il reste toujours possible à la race Noire africaine de se developper en enrayant les tares de la "civilisation de la machine-outil" qu'elle est déterminée à assimiler totalement.

La prise du pouvoir du Moèisme dans le monde au détriment de l'hégémonie Blanche européenne, est la conduite des affaires universelles dorénavant par un cercle d'amis devoués corps et âmes à la "chose universelle", et dénommé les Moèistes de tous les pays du monde, lequel cercle d'amis admettant volontiers des oppositions à travers le monde entier.

La prise du pouvoir du Moèisme dans le monde au détriment de l'hégémonie Blanche européenne, est une opération magique qui se décrit comme la possibilité que recèle le dénommé Joseph Moè Messavussu Akué de "dire merde" à l'École Blanche européenne et de procéder à l'institutionnalisation d'un savoir qu'il qualifie de céleste et qui décide le déclin du monde Blanc colonisateur.

**Un poème à vers répétitifs
Lomé, le 22 Décembre 1990**

L'échec du néo-colonialisme

La question qui me vient à l'esprit quand je contemple les prouesses technologiques contemporaines, est la suivante: Pourquou depuis l'Égypte antique ou des pharaons, les Noirs Africains n'ont plus émerveillé le monde par leur savoir et savoir-faire? La réponse à cette question est que depuis les invasions barbares et les migrations des peuples de la Méditerranée et de l'Asie qui ont fini par détruire ladite civilisation Négro-africaine, les Nois Africains ont été rendus tarés par l'Esprit du mal en personne qui les a pris en aversion en instituant du coup le racisme Blanc européen.

L'idée qui me traversa l'esprit quand l'esprit du mal en personne rendit l'âme en 1987 en tentant de détruire mon Esprit, fut la suivante: Si je dois mourir un jour, ceci sera dans la gloire céleste d'avoir été le "Porte - Nouveau Testament de Dieu le Tout-Puissant".

L'envie qui me vient quand je pense que je n'ai pas encore trouvé un seul être humain pour admettre que je suis effectivement Dieu le Tout-Puissant en chair et en os, est la suivante: L'erreur que j'aurais commise est de déclarer dans mes écrits que je suis l'incarnation de l'Intelligence sublime, Origine et Source de l'Univers créé et de la vie, une disposition que je voudrais tant supprimer pour plaire à tout le monde!

Le traître mot que me fit entendre la femme avec laquelle je vis et que je refuse catégoriquement d'épouser parce qu'elle me déclare qu'elle est née musulmane et ne peut que la demeurer, est le suivant: Le nom d'Allah le miséricordieux que je ne peux être à ses yeux, est évoqué par elle à longueur de journée comme si ceci est la chose la plus enthousiasmante qu'elle puisse faire quoti-
diennement. Par contre, en me regardant, la chose qu'elle lit dans mes yeux d'homme surdoué est probablement l'échec du néo-colonialisme.

L'intérêt particulier que me porte désormais ma compagne et tout mon entourage, est ce que leur rapporteront nécessairement mes œuvres prodigieuses.

Le regain d'estime que me témoignent mes amis qui m'ont pris, depuis la transformation de ma pensée humaine en ma pensée magique ou la "Poésie fonctionnelle", pour un type devenu insensé est basé, je crois, sur le parfait équilibre de mon être et de ma vie qui reflète l'absolu bonheur.

Le précieux cadeau que je veux offrir au Togo, celui

de ne plus partir en exil et de réaliser la totalité de mes œuvres à partir du pays natal et d'abord pour le pays natal, est loin de plaire à mes concurrents et concurrentes pour la suprématie au Togo et dans le monde. La preuve en est que tous mes amis et amies d'enfance et de maintenant qui sont bien positionnés dans le pays et qui devraient m'apporter leur soutien, me regardent avec mé-
fiance.

La vitesse d'exécution de mes œuvres qui me paraît relever de ma magie révélée, est à mes yeux, la véritable chance pour réaliser le temps d'une vie humaine normale, ce qui me tient le plus à cœur, à savoir ma "technologie révélée" qui, seule, assure l'échec du néo-colonialisme.

Un poème à vers paraboliques
Lomé, le 23 Décembre 1990

L'exil

Toutes les sources d'ennui de l'homme et de la femme Noirs africains résident dans les régimes de leurs pays respectifs qui n'hésitent pas, dans l'un des meilleurs des cas, à les condamner à l'exil.

Je deviens quant à moi réticent face à la defense d'un idéal politique qui risque de me conduire à m'-exiler volontairement puisque sans me l'avouer, l'être qui organise cet état de choses, tente tout simplement de me liquider psychologiquement.

La mélancolie de l'exilé

Les trophées de cinq siècles d'oppression et d'exploitation des peuples de l'Afrique Noire et du reste du monde en voie de developpement que brandit la race Blanche européenne aujourd'hui, resteront à jamais les guerres des frontières héritées de la période coloniale, les guerres de libération nationale, les coups d'état militaires, les guerres civiles, les coopérations économiques et militaires aliénantes, les systèmes éducatifs volontairement tronqués afin de ne pas permettre que l'homme et la femme "de couleur" ne soient aussi savants et techniquement doués que l'homme et la femme Blancs européens, les économies orientées par les desiderata des pays colonisateurs d'antan, etc...

Point n'est besoin en effet pour une femme ou un homme Noir africain ou de couleur d'aller dans le "pays des Blancs" pour se rendre compte qu'il est absolument impossible pour les pays en voie de developpement d'égaliser, puis de dépasser unjour le niveau technologique des pays developpés d'aujourd'hui à moins qu'un miracle se produise. Puisque tout le monde peut le constater au ci-néma, à la télévision, ou en ouvrant tout simplement les yeux.

La vérité quant à cette terrible affaire, est que le temps joue dangeureusement contre cette volonté politique à peine dissimulée des pays industria-lisés qui doivent à l'heure actuelle, se demander s'ils doivent laisser "crever" lesdits pays en voie de devel-oppement en proie à des convulsions sociales et poli-tiques, en laissant leurs dictateurs continuer de les gouverner dans le sang, ou s'ils doivent aider les dé-mocrates sincères desdits pays à instituer leurs états de droit et leur multipartisme pacifique.

La vérité quant à cette terrible affaire, est que la puis-sance de l'"Homme éternel" est irrèmèdiablement op-posée à la puissance occidentale en ce sens que la première procède d'un homme abso-lument pauvre voire marginalisé par le monde riche moderne, tandis que la seconde procède du mépris pour l'homme et la femme qui ne sont pas Blancs européens.

La vérité quant à cette terrible affaire, est que la quasi totalité des "cerveaux" Noirs africains, une fois leur haute formation scientifique et technologique réal-isée, servent les pays industrialisés comme s'ils sont incapables de faire les sacrifices nécessaires pour l'industrialisation de leur patrie, l'Afrique Noire.

La vérité quant à cette terrible affaire, est que nul

savant Noir africain et de couleur en général, n'est maître de sa vie et de son destin hors de son pays natal puisqu'il cololporte toujours avec lui cette sorte d'état flasque de l'âme qu'on appelle la mélancolie de l'exilé.

La vérité quant à cette terrble affaire...

Un poème à vers manquants
Lomé, le 1er Février 1991

Vive les États Unis d'Amérique!

Admettons que le tout premier "fascicule d'enseignement de la Poésie fonctionnelle" intitulé "VIVE LES ÉTATS UNIS D'AMÉRIQUE!" publié aux Éditions Bleues en Janvier 2009, confirmait l'exil américain divin et célébrait un nouvel "Ordre universel".

Admettons que ledit intitulé "VIVE LES ÉTATS UNIS D'AMÉRIQUE!" signifie l'ensemble des actions magiques ou gouvernementales spatiales temporelles éternelles figuré par le second fascicule d'enseignement de la Poésie fonctionnelle "POÈMES BLEUS".

Admettons que les "POÈMES BLEUS" qui ne prennent pas de gants pour affirmer sans équivoques que Joseph Moè Messavussu Akué est l'incarnation authentique, unique dans l'histoire spatiale temporelle éternelle de Dieu le Tout-Puissant, choqueront plus d'un aux États Unis d'Amérique et dans le reste du monde, mais sont pleinement assumés par leur auteur.

Admettons que l'Éternel-Dieu [effroyablement anonyme en tant que Joseph Moè Messavussu

Akué aujourd'hui le 11 septembre 2011, attesté par les "POÈMES BLEUS" et confirmé par l'ensemble des poèmes décrivant le "Pouvoir Noir" ou le "Royaume des Cieux accompli" et intitulés les "Poèmes identitaires"], déclare que, de l'ensemble des hommes et des femmes qui respecte profondément l'Auteur de la Poésie fonctionnelle et le "Moèisme" germera le nouvel Ordre économique, humain, et spatial temporel éternel dénommé l'"Édifice du Bonheur absolu humain" ou l'"Éden retrouvé".

Admettons que le "retour au bercail" de Joseph Moè Messavussu Akué expérimenté en Décembre 2010, est entièrement produit par le livre "le Processus de fabrication de l'Édifice du Bonheur absolu humain".

Il en résulte le raisonnement qui suit:

Premièrement, le "rêve de l'Édifice du Bonheur absolu humain" est identique au "rêve magique de la nuit du 7 au 8 Novembre 1986" qu'a eu Joseph Moè Messavussu Akué.

Deuxièmement, le processus de fabrication de l'"Édifice du Bonheur absolu humain" est purement et strictement identique au déroulement régulier de l'existence de Joseph Moè Messavussu Akué.

Troisièmement, que ceux et celles qui ne croient pas en Joseph Moè Messavussu Akué et au "Moèisme" trouvent dans l'au-delà les raisons de leur propre repentance pour leur retour glorieuse à la "Vie éternelle" promise par la "Poésie fonctionnelle".

Quatrièmement, les "Moèistes" d'aujourd'hui le 11 Septembre 2011 qui témoignent leur foi en la "Poésie fonctionnelle" appartiennent d'ores et déjà au "Royaume des Cieux promis et accompli".

Cinquièmement, le mois de Septembre 2011 qui portera mille, deux mille, trois mille ... lettres d'amour pour les exilés de par le monde est ainsi proclamé le "mois saint" dans le calendrier céleste.

**Un poème à vers paraboliques
Chicago, le 11 Septembre 2011**

Du même auteur:

- POÈMES POUR L'AFRIQUE ÉTERNELLE (Tomes 1, 2, 3, 4, et 5)
- POÈMES BLEUS
- VIVE LES ÉTATS UNIS D'AMÉRIQUE!
- LA LOI DU PROFIT NUL
- L'EXPÉRIMENTATION DE LA LOI DU PROFIT NUL
- LES PERLES TOGOLAISES ET D'AILLEURS (Tomes 1, 2, 3)
- LA FIN DE L'ESCLAVAGE

Achévé d' imprimé en Septembre 2011 par
les ÉDITIONS BLEUES
mmessavussu@gmail.com
moemessavussu@hotmail.com

Dépot légal : Troisième trimestre 2011
Numéro d'Éditeur ; 2-913-771
IMPRIMÉ AUX ÉTATS UNIS D'AMÉRIQUE

www.ingramcontent.com/pod-product-compliance
Lightning Source LLC
Chambersburg PA
CBHW041523090426

42737CB00037B/19